So ein Durcheinander! – Unsere Buchstaben-Ordnung

1 Das ABC schreiben

Anna und Leon gehen zusammen in die Klasse 2 b der Sonnenscheinschule.
Im neuen Schuljahr basteln sie im Kunstunterricht eine ABC-Schlange.

a Schreibe die fehlenden Buchstaben in Großbuchstaben in die ABC-Schlange.

Das **ABC** nennt man auch Alphabet.

b Schreibe nun das ABC auch in Kleinbuchstaben auf.

	e						k			
		q						w		y

2 Fehlende Buchstaben

Lerne das ABC auswendig. Das Gedicht hilft dir dabei.

A B C D E
Mein Bauch tut mir so weh!

F G H I J K
Es zwickt mich hier und da.

L M N O P Q
Da rät ein Känguru:

R S T U V W
Mit Zwieback und mit Tee

X Y Z
geht's bald wieder weg.

a Wie heißen die Nachbarbuchstaben? Schreibe sie auf.

	k				t			e		
		p			X				N	

b Ordne die Tiernamen nach dem ABC.

Chamäleon Känguru Tiger Pandabär Yak Otter Jaguar Hahn

3 Das ABC hilft dir

Freising (0 81 61)

Fran – Grub	Franki Paula Im Sundern 38	3 24 38
	– Richard Bach-4	32 21
	– Siegfried Brücker- 270	48 44 03
	Franz Anton Moos 20	3 38 27
	– Cecilie Altstadt- 2b	53 00 01
	– Dieter Tannen- 48	2 00 43
	– Fritz Münchner- 9	47 32 31
	– Heinz Otto- 32	6 22 83
	– Ludwig Mühlen- 41	8 22 99
	– Waltraut Bienen- 27	2 00 43
	Frister Berthold Bunt- 33	66 88 22
	– Klaus Fischerweg 6	2 29 46
	– Sophie Graf- 2b	3 24 47
	– Vincenz Kammergasse- 5	66 02 13
	Fuller Adalbert Hof- 3	55 67 44
	– Hanna Fichtenweg 7b	4 37 99
	– Klaus Am Waldrand 22	5 66 17
	– Peter Bahnhof- 31	67 55 45
	– Roberta Stanglgasse 4	8 21 67
	– Susan Kirchenweg 9	33 56 96
	Fynner Anna Tauben- 1	5 24 55

Strauß

der **Strauß** (Blumenstrauß), die Sträuße
der **Strauß** (Vogel), die Strauße
das Straußenei
stre|ben, du strebst
der Streber, die Streberin
strebsam
die **Stre|cke,** die Strecken
sich strecken

streng
die Strenge
der **Stress**
stressig
streu|en, du streust
die Streu
die Streuung
streu|nen, du streunst
der **Strich,** die Striche
stricheln

Wörter im Wörterbuch oder Namen im Telefonbuch sind nach dem ABC geordnet.

Im Wörterbuch oder im Telefonbuch findest du also

Wörter mit F	eher am Anfang	A	Fahrrad frei Fischer
Wörter mit L	eher in der Mitte	M	Leben lösen Lindner
Wörter mit W	eher am Schluss	S	Wasser weben Willerich

a Wo findest du im Wörterbuch Seiten mit folgenden Buchstaben?
Kreuze Anfang A, Mitte M oder Schluss S an.

E	N	D
A M S	A M S	A M S
U	**G**	**K**
A M S	A M S	A M S

b Wo findest du im Telefonbuch diese Leute?
Kreuze Anfang A, Mitte M oder Schluss S an.

Herr Müller	Frau Zeller	Familie Asadi
A M S	A M S	A M S
Anita Weber	**Gustav Berger**	**Klemens Obermeier**
A M S	A M S	A M S

Tipp!
Denke daran, dass die Einträge nach dem Nachnamen geordnet werden!

4 Mein Lieblings-ABC

Leon hat ein ABC mit seinen Lieblingsdingen geschrieben.
Schreibe auch dein persönliches Lieblings-ABC auf.

Auto

N

H

Z

5 Nach dem ABC ordnen

Anna und Leon fahren mit Leons Mama ein Wochenende weg.
Sie schreiben eine Liste mit den Sachen, die sie mitnehmen wollen.
Sortiere die Dinge nach dem ABC.

Zuerst musst du beim Sortieren auf den **Anfangsbuchstaben** achten.
Wenn der bei zwei oder mehreren Wörtern gleich ist,
sortierst du nach dem zweiten, dritten und so weiter Buchstaben im Wort.

Beispiel:
Apfel, Besen, Birne, Hand, Hase

Zahnpasta, Bikini, Sonnencreme, Sonnenbrille, Wasserball, Briefpapier, Brustbeutel, Taucherbrille, Badehose, Schnorchel, Anorak, Regenschirm, Lieblingsbuch, Malstifte, Fernglas, Kofferschlüssel

Anna kann zaubern – Selbstlaute und Mitlaute

6 Nur ein Buchstabe verändert sich

„Ich kann zaubern“, sagt Anna zu Leon.
„Ich verändere nur einen Buchstaben und schon ist alles verwandelt!“
Zaubere mit und ergänze die fehlenden Buchstaben in den Wörtern.

T ___ sche	H ___ se	K ___ gel	H ___ nd	w ___ r	w ___ rm
T ___ sche	H ___ se	K ___ gel	H ___ nd	w ___ r	W ___ rm
___ ose	___ and	sie ___ en	ge ___ en	___ ind	___ und
___ ose	___ and	sie ___ en	ge ___ en	___ ind	___ und

7 Verschiedene Selbstlaute ausprobieren

„Wörter zaubern macht Spaß!“, findet Leon.
Hier passen verschiedene Selbstlaute. Ergänze sie.

Sprich die Buchstaben **a – e – i – o – u** laut aus. Diese Laute klingen von selbst.
Sie heißen deshalb auch **Selbstlaute**.

B ______ ch — Bach, Buch

M ______ nd

St ______ rn

Z ______ nge

8 Einen Mitlaut austauschen

Wenn du einen Buchstaben austauschst, erhältst du ein neues Wort.
Schreibe die neuen Wörter auf.
Sprich diese Anfangsbuchstaben deutlich aus.

Diese Laute klingen nicht von selbst. Nur mithilfe eines Selbstlautes hört man sie gut.
Laute, die nicht allein klingen können, nennen wir **Mitlaute**.

Turm (W) ______

Tuch (B) ______

Tanne (K) ______

9 Mitlaute und Selbstlaute unterscheiden

Umkreise die Mitlaute **blau** und die Selbstlaute **grün**.

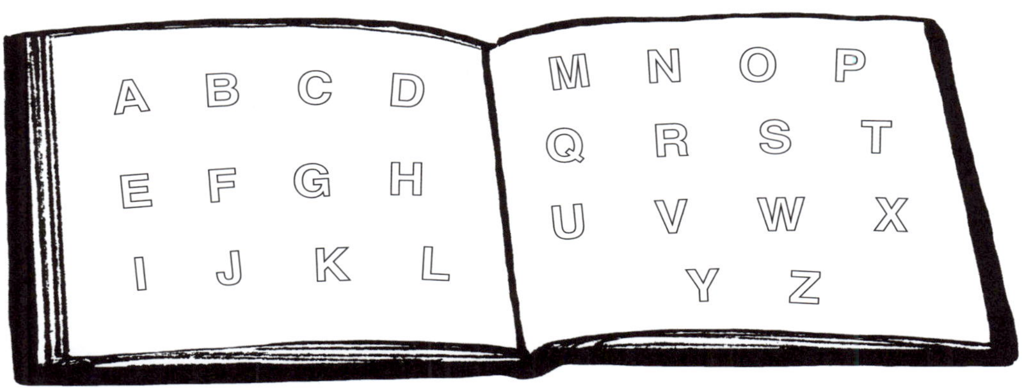

10 Mitlaute streichen

„Ich kenne auch einen Zaubertrick!“, ruft Leon. „Ich streiche einen Mitlaut und zaubere ein neues Wort! Abrakadabra: Der Schlüssel wird zur Schüssel!“
Streiche den passenden Buchstaben und schreibe das neue Wort auf.

Rand ______

Kellner ______

Knopf ______

Tipp!
Sprich alle Laute hörbar aus!

Annas Zaubershow – Doppellaute und Umlaute

11 Doppellaute

Anna zaubert weiter: Sie ersetzt im Text alle „ei".
Schreibe alle Wörter mit Ei/ei heraus.

Das **Ei/ei** ist ein besonderer Laut. Du kannst zwei Laute hören.
Deshalb nennt man das Ei/ei einen **Doppellaut**.

Achtung!
Anna hat zwei Wörter übersehen!

Die kl◯ne M◯se verabschiedet sich im Herbst von der Schwalbe:
„Ich wünsche dir ◯ne gute R◯se in den Süden! Ich bleibe dah◯m.
Ich kann nicht so w◯t fliegen." „Aber du bist doch nicht all◯n.
Und glaub nicht, dass das Fliegen für uns so leicht ist! "

12 Noch mehr Doppellaute

Schreibe die Wörter, die Anna hier verzaubert hat, in der Einzahl und Mehrzahl auf.

Der Doppellaut **au** verändert sich in der Mehrzahl des Wortes: **au** wird zu **äu**.
Der Doppellaut **eu** verändert sich nicht.

Beispiele:
die L**au**s – die L**äu**se   die **Eu**le – die **Eu**len

das Haus | die

13 Verwandte Wörter

Markiere die Wörter, die miteinander verwandt sind, in derselben Farbe.

Kraut	Häuschen	Braut	kaufen	Käufer	Traum
Räuber	Haus	Bräutigam	Kräuter	rauben	träumen

14 Umlaute

Setze die passenden Wörter ein.

In der Mehrzahl oder in manchen Formen des Tunworts wird A/a zu Ä/ä, O/o zu Ö/ö und U/u zu Ü/ü. Ä, ö und ü nennen wir **Umlaute**.

Beispiele:

der Stab – die Stäbe   der Hof – die Höfe   der Zug – die Züge

hoch

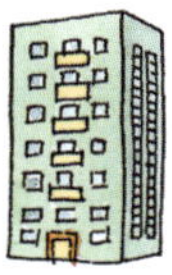

ich falle   du

wir fahren   du

15 Hier passen verschiedene Laute

Leon hilft Anna beim Zaubern und jongliert mit Zauberbällen.
Setze die beiden Laute ein, die sinnvolle Wörter ergeben.

S (ä, o, ü) cke

B (äu, ö, u) che

S (a, ä, ü) ge

H (a, ö, ü) gel

St (a, ü, ö) cke

K (ü, i, ö) ste

L (ä, a, ü) ge

Wortsalat – Namenwörter und ihre Begleiter

16 Namenwörter

In dem Buchstabenband haben sich Namenwörter versteckt.
Ordne sie in die Tabelle ein.

Namenwörter sind Bezeichnungen für Menschen, Tiere und Dinge. Du schreibst sie immer groß.
Namenwörter erkennst du daran, dass du einen passenden **Begleiter** (der, die, das oder ein, eine) dazu finden kannst. Begleiter schreibst du klein, außer am Satzfang.

Beispiele:
das Haus, **der G**arten, **die R**ose
Achtung: **D**er Hund bellt laut.

ELEFANTROSEAUTOSCHWESTERGRASNACHBARAMSELBLEISTIFT

Menschen	Tiere	Pflanzen	Dinge

17 Begleiter zuordnen

Ordne den Namenwörtern passende Begleiter zu.
Trage sie richtig ein.

Brief Sonne Licht Hund Zeit Pferd Tier Kopf Puppe

der / ein	die / eine	das / ein

18 Namenwörter finden

Anna und Leon haben einen Wortsalat zubereitet.
Suche die Namenwörter heraus und schreibe sie mit ihren Begleitern auf.

______

______

______

______

______

19 Unbestimmte und bestimmte Begleiter einsetzen

„Wie macht man einen richtigen Salat?“, fragt Leon. Annas Mutter erklärt das Rezept.
Setze die richtigen Begleiter in die Linien.

Es gibt zwei Arten von Begleitern: unbestimmte und bestimmte Begleiter.

- **Bestimmte Begleiter** sind: der, die, das, dem, den.
- **Unbestimmte Begleiter** sind: ein, eine, einem, einen.

Ich koche zwei Eier in ______ Eierkocher hart. ______ gekochten Eier schäle ich und schneide sie in Scheiben. Ich hole zwei Essiggurken aus ______ Gurkenglas und hacke sie klein. ______ Stückchen gebe ich zu ______ Eiern. ______ Esslöffel Joghurt und ______ Esslöffel Mayonnaise mische ich darunter. Ich würze mit Salz und Pfeffer.

Diese Begleiter fehlen:

Die einem Einen den dem Die einen

20 Verkleinerung von Namenwörtern

Anna und Leon besuchen Paula.
Ihre Eltern haben einen Bauernhof.
„Siehst du den Hund? Ist der lustig!“, freut sich Anna.
„Und hast du die Schafe gesehen?
Es gibt auch ein schwarzes Lamm!“, sagt Paula.
„Das kann gar nicht so süß sein wie der Hase.
Oder die niedliche Katze.
Oder das kleine Ferkel“, entgegnet Leon.

a Schreibe die Namenwörter mit ihren Begleitern aus dem Text ab.
Nun verkleinere die Wörter mit -chen oder -lein.

Mit den Nachsilben **-chen** und **-lein** verkleinerst du Namenwörter.
Dabei verändert sich oft der Selbstlaut a, o, u: Er wird zu einem Umlaut ä, ö, ü.
Manchmal fallen auch Buchstaben am Wortende weg.

Beispiel:
das Kind – das Kind**chen** – das Kind**lein**
der Arm – das **Ä**rm**chen** – das **Ä**rm**lein**
die Dos**e** – das D**ö**s**chen** – das D**ö**s**lein**

der Hund — das Hündlein

b Umkreise die Umlaute in den Wörtern oben.

c Was fällt dir an den Begleitern auf?
Wie verändern sie sich?

21 Reimverse mit Namenwörtern

Anna und Leon sind nach dem Ausflug gut gelaunt. Sie reimen lustige Verse. Hilf ihnen und füge die Reimwörter in die Zeilen ein. Lies alle Reime laut vor. Lerne einen (oder mehrere) Reimverse auf dieser Seite auswendig.

a Auf ihrer leisen Tatze
schleicht am Abend unsere ________ ,
klettert – und man hört es kaum –
auf den allerhöchsten ________ .

b Alle Zehen jammern „Huh!“ –
die arme Anna trägt keine ________ !
Leon trägt zwar eine Mütze,
doch er plumpst in eine ________ .

c In der Kammer
liegt ein ________ .
„Hol ihn doch“,
sagt der ________ .

d Recht gern liegt Max auf der Matratze
neben ihm schnurrt ruhig die ________ .
Ganz oben auf der Geisterbahn
sitzt stolz und kräht der Wetter .

Das gibt es in der Schule – Einzahl und Mehrzahl

22 Einzahl und Mehrzahl bilden

In Leons und Annas Klassenzimmer gibt es viele Dinge.
Setze in die Schreiblinien die Einzahl und die Mehrzahl ein.

Manchmal gibt es eine Sache nur ein Mal. Das Namenwort steht in der **Einzahl**.
Manche Dinge gibt es mehrmals. Das Namenwort steht in der **Mehrzahl**.
In der Mehrzahl wird an das Namenwort meist ein **-e**, **-er**, **-s** oder **-n** angehängt.

Beispiele:
der Tisch – die Tische, das Kind – die Kinder, das Auto – die Autos,
die Tafel – die Tafeln

Manchmal verändern sich auch die Selbstlaute: a wird ä, o wird ö, u wird ü.

Beispiele:
das Land – die Länder, das Horn – die Hörner, das Huhn – die Hühner

einige

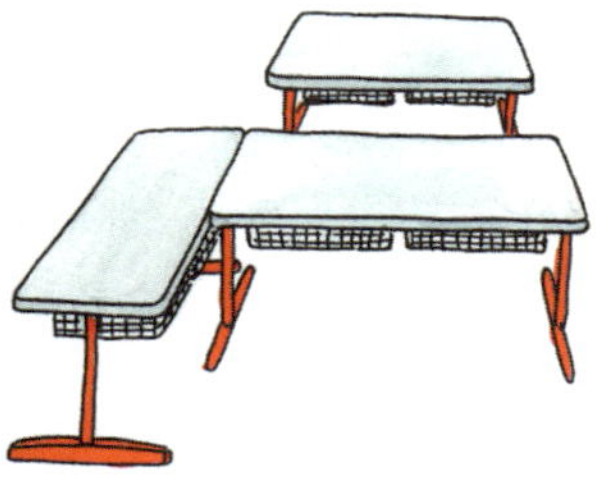

mehrere

drei

23 Wie verändert sich die Form?

Schreibe die Mehrzahl auf.
Achte darauf, ob und wie sich das Namenwort in der Mehrzahl verändert und unterstreiche die Veränderung.

24 Einzahl und Mehrzahl zuordnen

Auch in der Schulküche gibt es viele Dinge mehrmals oder aber nur ein Mal.
Schreibe den Begleiter vor das Namenwort und ordne zu:
EZ für Einzahl, **MZ** für Mehrzahl.

die Töpfe MZ

Gläser

Schüsseln

Schürze

Tassen

Köchin

25 Namenwörter ohne Mehrzahl

Manche Namenwörter gibt es **nur** in der Einzahl:
das Obst, der Regen, die Erde, die Wut.
Findest du auch welche? Nenne zwei Beispiele.

Geburtstagsgeschenk und Hexensuppe – Zusammengesetzte Namenwörter

26 Gegenstände beschreiben

Nilay hat Ende Oktober Geburtstag. Sie wünscht sich einen Ball.
„Was denn für einen?“, fragt Anna neugierig. „Einen Federball? Einen Gummiball?“
Nilay wünscht sich einen Fußball. Sie wünscht sich aber noch viele andere Dinge.

Findest du die passenden Wörter?

Zusammengesetzte Namenwörter beschreiben viel genauer. Manchmal fällt beim Zusammensetzen ein Buchstabe weg oder es wird ein Buchstabe eingefügt.

Beispiele:
die Schul**e** + die Tasche = die Schultasche
die Geburt + der Tag = der Geburt**s**tag

eine Brille zum Tauchen — eine

eine Uhr mit Armband

einen Koffer zum Zaubern

27 Namenwörter bilden

Bilde zusammengesetzte Namenwörter mit dem Namenwort „Haus‘.

Garten
Baum
Tier

Dach
Glocke
Schule

28 Zusammengesetzte Namenwörter finden

Im Oktober ist auch Halloween. Anna hat ein Rezept für eine Hexensuppe gefunden.
Finde in dem Text die zusammengesetzten Namenwörter und unterstreiche sie.

Rezept für eine Hexensuppe

Nimm ein faules Drachenei,
brich ein Spinnenbein entzwei,
drei Teelöffel vom Mausedreck,
den Fliegenpilz, den lass nur weg,
koche das in Schneckenschleim,
dazu ein bisschen Weizenkeim,
Nasenpopel drauf gestreut,
ach, wie das die Hexe freut!

29 Zusammengesetzte Namenwörter zerlegen

„Du hast aber noch einige Zutaten für eine gute Hexensuppe vergessen", meint Leon.
Er schreibt die fehlenden Zutaten auf.
Aus welchen zwei Namenwörtern bestehen die zusammengesetzten Namenwörter?
Schreibe sie in der Einzahl mit ihren Begleitern auf.

die Krokodilsträne ______ + ______

die Katzenkralle ______ + ______

die Rattenzähne ______ + ______

der Eidechsenschwanz ______ + ______

die Bienenstacheln ______ + ______

die Taubenfeder ______ + ______

Ein langer Schultag – Tunwörter

30 Tunwörter entdecken

Große Pause

Pausenzeichen
Buch zuklappen
Tür auf
Jacke schnappen

Schlange stehen
Brezel kaufen
essen trinken
schreien laufen

Gummi twisten
spielen springen
schubsen ärgern
Streit beginnen

weinen lachen
Streit vergessen
Sachen tauschen
Kräfte messen

Das alles kennst du sicher auch gut!

a Unterstreiche im Gedicht alle Wörter, die dir sagen, was Kinder in der Pause tun!

Tunwörter sagen dir, was jemand tut oder tun kann. Du schreibst sie klein.

b Was tun diese Kinder?
Setze die Tunwörter auf der Tafel richtig in den Text ein!

Nilay *singt* ein türkisches Lied.

Anton __________ mit seinem Nachbarn.

Atasi __________ ein Gedicht.

Leon __________ eine lange Geschichte.

Anna __________ ihrer Freundin.

31 Tunwörter suchen und schreiben

Nach der Pause geht die Schule weiter.
Finde alle Tunwörter und schreibe sie auf.

Pausenzeichen
rennen flitzen
rein ins Zimmer
stille sitzen

Schulschlusszeichen
stille stehen
Tür auf raus
nach Hause gehen

Tunwörter enden in der **Grundform** auf -en, -eln oder -ern.

Beispiele:
such**en**, tad**eln**, wand**ern**

Tunwörter verändern sich.

Beispiele:
ich les**e**, du l**iest**, er/sie/es l**iest**, wir lesen, ihr le**st**, sie lesen

32 Tunwörter aus Namenwörtern

Im Sachunterricht spielt die Klasse „Berufe raten". Die Schüler stellen Berufe dar, die ihre Mitschüler erraten. Leon fällt auf, dass es zu vielen Berufen auch passende Tunwörter gibt.
Schreibe zu den folgenden Namenwörtern das richtige Tunwort.

Bäcker

Sänger

Lehrer

Jäger

Koch

33 Tunwörter erkennen

Kannst du bei den Wörtern die Form mit „Ich …“ bilden?
Wenn ja, schreibe sie auf. Entscheide, ob das Wort ein Tunwort ist.

Wort	Bilde die Form: Ich …	Das Wort ist ein Tunwort
lachen	lache	ja
riesig		
winken		
winzig		
brummen		

34 Grundform

Schreibe die Grundform der Tunwörter in die Zeilen.

du gehst | ihr ruft | es klingelt | es schneit | du malst | er sitzt | sie lacht | es regnet | du trampelst

gehen		

35 Tunwörter in verschiedenen Formen

Fülle die Zeilen aus und unterstreiche bei der Grundform den Wortstamm.

Der **Wortstamm** des Tunworts ist in allen Formen sehr ähnlich.
Er verändert sich aber manchmal ein wenig.

Beispiele:
singen, ich **sing**e, du **sing**st, sie **sing**en
laufen, ich **lauf**e, du **läuf**st, sie **lauf**en

Grundform	ich …	du …	wir …
sinken	sinke	sinkst	sinken
laufen			
malen			
bleiben			
tanzen			

36 Vorsilben

Anna sagt: „Ich kann vorlaufen, nachlaufen, hinlaufen und weglaufen."
Verbinde die Vorsilben mit den Tunwörtern so, dass sinnvolle Wörter entstehen.

Mit Vorsilben kannst du die Bedeutung eines Tunworts verändern.

Beispiele:
vorsagen, **ab**sagen, **nach**sagen

ein	brechen
auf	kaufen
ab	fahren
aus	teilen
vor	sagen

37 Das geteilte Tunwort

Setze das Tunwort im Kasten richtig ein.

Im Satz wird die Vorsilbe oft vom Tunwort **abgetrennt** und steht am Satzende.

Beispiel:
vorsagen Anna **sagt** Leon **vor**.

Leon passt an der Ampel auf. — aufpassen

Anna ______ ein Liedchen ______. — vorsingen

Anton ______ beim Malen ______. — zuschauen

Mia ______ ihr Zimmer ______. — aufräumen

Julius ______ eine Weile ______. — nachdenken

38 Vorsilben richtig einsetzen

Setze im Text die passenden Vorsilben ein.

Die 2 b führt am Schulfest ein Theaterstück ______. Leon ______ passt fast seinen Einsatz. Er muss genau ______ hören, was die anderen Schauspieler ______ tragen.

Heute und gestern – Gegenwart und Vergangenheit

39 Gegenwart erkennen

Unterstreiche im Text alle Tunwörter, die dir von der Gegenwart erzählen.
Kreise alle anderen Wörter ein, die dir sagen, dass der Text in der Gegenwart spielt.

Du benutzt Tunwörter in der **Gegenwart**, wenn du etwas beschreiben möchtest, was jetzt gerade stattfindet.
Wörter wie „jetzt“, „in diesem Augenblick“ oder „gerade“ zeigen dir, dass es in der Gegenwart passiert.

Ich lese gerade im Übungsheft.

Ich kann auch schon prima lesen.

Ich denke momentan über die Bilder und Texte nach.

In diesem Augenblick bearbeite ich eine Aufgabe.

Jetzt unterstreiche ich ein Wort.

Ich löse eine Aufgabe.

Ich denke über die Lösung nach.

40 Vergangenheit erkennen

Unterstreiche im Text alle Tunwörter, die dir von der Vergangenheit erzählen.
Kreise alle anderen Wörter ein, die dir sagen, dass der Text in der Vergangenheit spielt.

Du benutzt Tunwörter in der **Vergangenheit**, wenn du etwas beschreiben möchtest, was schon vorbei ist.
Wörter wie „vorhin“, „vor Kurzem“ oder „vor wenigen Minuten“ zeigen dir, dass es in der Vergangenheit passiert ist.

Ich habe vorhin im Übungsheft gelesen.

Ich habe über die Bilder und Texte nachgedacht.

Vor Kurzem habe ich eine Aufgabe bearbeitet.

Vor wenigen Minuten habe ich ein Wort unterstrichen.

Ich habe eine Aufgabe gelöst.

Ich habe über die Lösung nachgedacht.

41 Vergangenheitsform ergänzen

a Ergänze, was Leon vorhin getan hat.

Die Vergangenheit bildest du aus einer Form von „haben“ oder „sein“ und einer veränderten Form des Tunworts.

Beispiele:

Gegenwart	Vergangenheit
ich lese	ich **habe ge**lesen
du läufst	du **bist ge**laufen
er/sie/es singt	er/sie/es hat gesungen
wir laufen	wir sind gelaufen
ihr trinkt	ihr habt getrunken
sie essen	sie haben gegessen

Leon hat seinen Freund angerufen.

Leon ______ zu Mittag ______.

Leon ______ Hausaufgaben ______.

Leon ______ im See ______.

Leon ______ seinen Schulranzen ______.

b Ergänze, was Leon und seine Schwester Heike in den letzten Ferien erlebt haben.

Sie *haben* eine Hafenrundfahrt ______ .

Sie ______ im Mittelmeer ______ .

Sie ______ Anna eine Karte ______ .

Sie ______ auf hohe Bäume ______ .

Sie ______ am Strand ______ .

42 Aussagen in der Vergangenheitsform

a Schreibe zu den Sätzen ein **G** für Gegenwart oder ein **V** für Vergangenheit.

Gestern hat Anna ihre Hausaufgaben nicht erledigt.

Der Lehrer hat sich nicht darüber gefreut.

Dafür sitzt Anna jetzt am Schreibtisch.

Sie holt die Hausaufgaben nach.

Anna ärgert sich, weil draußen schönes Wetter ist.

Gestern hat es geregnet.

b Anna denkt über ihren langen Schultag nach.
Schreibe die Sätze richtig in der Vergangenheit auf.

Am Morgen zwei Tafeln putzen

Am Morgen habe ich zwei Tafeln geputzt.

Gerda gestern weinen

______

______

Da ich sie trösten

Am Nachmittag mit Leon spielen

Zum Abendessen Quark mit Banane essen

Vor dem Einschlafen ein neues Buch lesen

Der Zirkus ist da! – Wiewörter

43 Wie ist was?

Welche Wiewörter passen?
Verbinde die passenden Wörter entweder mit Annas Hund Nico oder dem Ball.

Achtung!
Zwei Wörter bleiben übrig!

Wiewörter sagen dir, wie Dinge aussehen oder wie sie sind.
Du schreibst sie klein.

Beispiele:
klein, laut, farbig, nett

grün

lebendig

braun

rund

groß

verspielt

gemein

eckig

44 Nach einer Beschreibung malen

Male, was du liest.

bunte Kette	rotes Herz	lustiges Gesicht

45 Wiewörter finden

Anna und Leon besuchen eine Zirkusvorstellung.
Unterstreiche die Wiewörter in diesen Sätzen.

Ein geschickter Zauberer holt gleich
drei weiße Kaninchen aus einem
hohen Zylinder.
Die munteren Seelöwen werfen sich große Bälle zu.
Riesige Elefanten schreiten langsam durch die Manege.
Wilde Löwen springen durch Feuerreifen –
sie sind gefährlich!
Aber sie sind ja hinter einem eisernen Gitter.

46 Mit passenden Wiewörtern Sätze bilden

Schreibe kurze Sätze, in denen du Anna und Leon näher beschreibst.
Suche dir passende Wörter aus.

krank **ängstlich** **hilfsbereit** **höflich** **glücklich** **alt**

Anna darf auf einem Elefanten reiten.

Anna ist glücklich.

Leon fürchtet sich vor dem Feuerschlucker.

Anna grüßt im Zirkus alle Leute, die sie kennt.

Leon sucht unter den Bänken nach dem Schnuller eines Babys.

Leon feiert im Zirkus seinen siebten Geburtstag.

47 Wiewörter bilden

Zu vielen Namenwörtern gibt es passende Wiewörter.
Lies das Namenwort und schreibe das passende Wiewort in die Zeile.
Denk daran: Wiewörter schreibt man klein.

das Eisen eisern

der Riese

die Größe

die Gefahr

die Wildheit

die Höhe

48 Wiewörter vor Namenwörtern

Tipp!
Ein Wiewort verändert sich vor einem Namenwort.

Im Zirkus ist es aufregend!
Bilde aus den Wörtern einen sinnvollen Satz und umkreise dann das Wiewort.

Clowns lustig machen viel Quatsch.

Auf dem Pferd weiß turnt eine Frau blond.

Ein Papagei bunt ruft Wörter frech.

49 Wortpaare aus Wiewörtern finden

Welche Wörter gehören zusammen?
Verbinde die passenden Wortpaare in den Bällen.

Wortpaare bestehen aus zwei Wörtern, die das Gegenteil voneinander ausdrücken.
Das können Wiewörter oder auch Namenwörter sein.

Beispiele:
heiß – kalt, Katze – Maus

50 Fallen dir noch weitere Wortpaare ein?

Schreibe zwei Wortpaare mit Wiewörtern und zwei Wortpaare mit Namenwörtern auf.

Wiewörter

__________ – __________

__________ – __________

Namenwörter

__________ – __________

__________ – __________

Ein Kin-der-spiel – Silben

51 Trennen und wieder zusammensetzen

Anna, Leon, Nilay und Alexander spielen Fangen.
Mit einem Abzählvers bestimmen sie,
wer der Fänger ist.

Sprich den Abzählvers laut in Silben.
Lolalila, Lutschbonbon,
ich lauf jetzt ganz schnell davon.
Du bleibst hier und musst mich holen,
komm nur rasch auf leisen Sohlen.

Beim Sprechen kannst du innerhalb von Wörtern kurze Pausen sprechen. Sprichst du diese Pausen ganz deutlich, hörst du einzelne Wortteile. Diese Wortteile nennen wir **Silben**. Eine Silbe muss immer einen Selbstlaut enthalten.

Nach Silben kannst du ein Wort trennen. Wörter mit nur einer Silbe kannst du nicht weiter trennen.

Beispiele:
Kin-der-gar-ten
Maus

52 Wörter mit einer, zwei und drei Silben

Teile die Wörter nach der Anzahl ihrer Silben ein.

sagen, ich, leben, schön, mein, Leberwurst, Hasenstall, Garten, Bucheinband

1 Silbe	2 Silben	3 Silben

53 Wörter nach Silben trennen

a Oft bestehen Silben nur aus einem Laut: Au-to, Ei-sen.
Trenne ebenso:

außen

August

Eimer

Eule

Eiche

Euter

eilig

Eier

b Hier ist das Trennen leicht: Him-mel, es-sen.
Trenne in der Mit-te durch:

Hammer

Bälle

brennen

Klasse

treffen

Klappe

c Setze die Silben richtig zusammen.

al- liegt Ich -les -räu- muss durch- -der -an- -ein- wohl -men auf-

In meinem Zimmer

54 Wörter sortieren

Leon hat in seiner Wörterkiste schon lange nicht mehr aufgeräumt.
Hilf ihm, die Wörter richtig zu sortieren.

lei- -ben oft -se Klasse schrei- Os- Spielzeugauto Hut Wald geht -ter grün Git- -tern

Wörter, die man in Silben trennen kann:

Obst - scha - le

Wörter, die man nicht trennen kann:

Hut

Silben, die man zu Wörtern zusammensetzen kann:

schreiben

55 Wörter mit vielen Silben

Alexander will Wörter sammeln, die man möglichst oft trennen kann.

a Trenne die Silben in den Wörtern mit Strichen ab.

Gartenhausdach Garageneinfahrt Sandkastenspielzeug

b Fallen dir selbst Wörter aus möglichst vielen Silben ein?
Schreibe zwei nach Silben getrennt auf.

Spiele im Garten – Sammelnamen

56 Sammelnamen

Anna schreibt auf,
was sie im Garten sieht.
Sortiere die Wörter richtig ein.

Apfel, Rose, Tulpe, Brokkoli, Karotten, Birne, Pflaume, Paprika, Nelke

Sammelnamen sind Überbegriffe für verschiedene Dinge, die zusammengehören.

Beispiel:
Pullover, Hose, T-Shirt gehören zum Sammelnamen „Kleidung“

Obst	Gemüse	Blumen

57 Unterbegriffe

Schreibe zu jedem Sammelnamen drei Wörter auf, die dazugehören:

Schreibwaren

Spielsachen

Sportarten

Ja! Nein? Vielleicht. – Sätze, Satzarten und Satzzeichen

58 Logische Sätze bilden

a Anna beißt langsam in die Schule.
Leon spielt herzhaft in den Apfel.
Anna flitzt mit Anton Verstecken.
Sie bummelt schnell hinter einen Baum.

Die Sätze klingen lustig,
aber wir verstehen den Sinn nicht.
Diese Sätze drücken Unsinn aus.

Stelle die Sätze richtig zusammen.
Dann weißt du, was in dem Satz wirklich erzählt wird.

Anna ____________________ langsam in die Schule.

Leon ____________________ herzhaft in den Apfel.

Anna ____________________ mit Anton Verstecken.

Sie ____________________ schnell hinter einen Baum.

b Mache aus dem Unsinn-Satz einen sinnvollen Satz.
Dazu musst du etwas weglassen und etwas Neues hinzufügen.

Unsinn-Satz:
Anna zieht einen Pullover über das Auto.

Sinnvoller Satz:

____

Unsinn-Satz:
Leon malt die Tafel mit bunter Butter an.

Sinnvoller Satz:

____

59 Aussagesätze

Leon erzählt von seinem Vormittag in der Schule.

In jedem Satz wird etwas ausgesagt. Solche Sätze haben am Ende einen **Punkt**.
Wir nennen sie **Aussagesätze**.

a Füge die Punkte in den Text ein und schreibe ihn richtig auf.
Unterstreiche die Punkte und Satzanfänge.

Unsere Klasse ist heute durchs ganze Schulhaus gegangen Endlich habe ich das Zimmer des Rektors gesehen Zwei andere Klassen haben wir auch besucht Der Hausmeister hat im Keller eine große Werkstatt

b Erzähle in drei Sätzen, was du heute erlebt hast. Denke an die Satzzeichen.

60 Fragesätze

Anna ist krank. Leon bringt ihr die Neuigkeiten aus der Schule.
Anna will noch einiges von ihm wissen:

Welche Hausaufgaben haben wir? Was habt ihr in Mathematik gemacht?

Mit diesen Sätzen fragt Anna. Sie will etwas wissen. Solche Sätze nennt man **Fragesätze**. Am Ende des Fragesatzes steht ein **Fragezeichen**: **?**

Leon muss nach Hause,
aber Anna hat immer noch Fragen.
Setze die richtigen Satzzeichen ein.

Anna: Besuchst du mich wieder ☐

Leon: Ja, morgen komme ich gerne vorbei ☐

Anna: Wann kommst du ☐

Leon: Nach meiner Flötenstunde kann ich kommen ☐

Anna: Das ist nett von dir, danke ☐

61 Fragesätze bilden

Bilde Annas Fragen und schreibe sie auf.

Tipp!
Sieh dir Leons Antworten an, um die Fragen zu finden. Vergiss nicht die Satzzeichen!

Frage: ____________________

____________________ ?

Antwort: Nein, übers Wochenende haben wir nichts auf .

Frage: ____________________ ☐

Antwort: Neben Mia sitzt jetzt Anton ☐

Frage: ____________________ ☐

Antwort: Nein, nur die ersten beiden Strophen sollen wir lernen ☐

Frage: ____________________ ☐

Antwort: Ja, ab Freitag ist wieder Flötenunterricht ☐

62 Ausrufesätze

Anna wird langsam wieder gesund.
Ihr ist langweilig und sie macht laut Musik.
Annas Mama kommt ins Zimmer:
„So ein Krach! Bitte leiser!“
Anna ruft: „Ich verstehe dich nicht!
Sprich lauter!“
Die Mama brüllt:
„Du sollst die Musik leiser stellen!“
Anna zuckt die Schultern:
„Ich verstehe dich nicht! Meine Musik ist so laut!“

Setze die richtigen Satzzeichen (Fragezeichen, Ausrufezeichen oder Punkt) ein.

Sätze, in denen jemand etwas ruft, um etwas bittet, etwas wünscht, befiehlt oder jemanden auffordert, nennen wir **Ausrufesätze**.
Das Zeichen am Ende des Satzes ist das **Ausrufezeichen**: **!**

Anna: Kann ich morgen in die Schule ☐

Mama: Auf keinen Fall ☐

Anna: Mama, ich bin wirklich gesund ☐

Mama: Der Arzt hat gesagt, du musst noch zwei Tage im Bett bleiben ☐

Anna: Mir ist aber so schrecklich langweilig ☐

63 Ausrufesätze bilden

Die Wörter am Anfang der Zeile leiten oft Ausrufesätze ein.
Bilde mit ihnen Ausrufesätze.

Hurra, ______

Aua, aua, ______

Vorsicht, ______

Schade, ______

Oh je, ______

64 Satzzeichen einsetzen, Satzarten erkennen, Wortarten erkennen

Endlich darf Anna wieder in die Schule gehen.
Sie erzählt Leon von ihrer Zeit zu Hause.
Na, ob das alles wahr ist?

a Setze die richtigen Satzzeichen ein.

Endlich wieder Schule ☐ Puh, war das vielleicht nervig, dieses Kranksein ☐

Was ich die ganze Zeit gemacht habe ☐ Das willst du wirklich wissen ☐

Dann pass mal genau auf ☐ Zuerst habe ich eine Weile im Bett gelegen ☐

Das wurde mir aber schnell langweilig ☐ Also habe ich Onkel Jo angerufen ☐

Du kennst Onkel Jo nicht ☐ Onkel Jo ist der allerbeste Onkel auf der Welt ☐

Er hat einen Papagei und wohnt in Amerika ☐ Der Papagei denkt, spricht und kann sogar ein kleines bisschen zaubern ☐

Wirklich wahr ☐ Na, jedenfalls hat Onkel Jo den Papagei zu mir nach Hause geschickt, damit ich mich nicht so langweilen muss ☐

Haha, das war vielleicht ein Spaß ☐

Der Papagei hat die albernsten Witze erzählt, meiner Oma ein Loch in den Hut gezaubert und unserem Hund Nico Flügel ☐

Ich habe mich beinahe kaputtgelacht ☐

Warum du ihn nie gesehen hast, wenn du bei mir warst ☐ Keine Ahnung ☐

Wahrscheinlich können nur mein Onkel Jo und ich ihn sehen ☐

b Unterstreiche alle Aussagesätze **rot**,
alle Fragesätze **grün** und
alle Ausrufesätze **blau**.